Robin Materne

Kritik der SKIP-Argumente im Bezug auf embryonale Stammzellenforschung

GRIN Verlag

Bibliografische Information der Deutschen Nationalbibliothek:

Die Deutsche Bibliothek verzeichnet diese Publikation in der Deutschen National-
bibliografie; detaillierte bibliografische Daten sind im Internet über http://dnb.d-
nb.de/ abrufbar.

Impressum:

Copyright © 2014 GRIN Verlag GmbH
Druck und Bindung: Books on Demand GmbH, Norderstedt Germany
ISBN: 978-3-656-65505-3

GRIN - Your knowledge has value

Der GRIN Verlag publiziert seit 1998 wissenschaftliche Arbeiten von Studenten, Hochschullehrern und anderen Akademikern als eBook und gedrucktes Buch. Die Verlagswebsite www.grin.com ist die ideale Plattform zur Veröffentlichung von Hausarbeiten, Abschlussarbeiten, wissenschaftlichen Aufsätzen, Dissertationen und Fachbüchern.

Besuchen Sie uns im Internet:

http://www.grin.com/

http://www.facebook.com/grincom

http://www.twitter.com/grin_com

Ruprecht-Karls-Universität Heidelberg

Philosophisches Seminar

Hauptseminar: Stammzellenforschung in Deutschland

Wintersemester 2013/2014

Kritik der SKIP-Argumente
Im Bezug auf embryonale Stammzellenforschung

Robin Materne

Lehramt: Englisch, Philosophie/Ethik

7. Semester

Abgabedatum: 31.03.2014

Inhaltsverzeichnis:

1. Vorwort:

"One egg, one embryo, one adult—normality. But a bokanovskified egg will bud, will proliferate, will divide. From eight to ninety-six buds, and every bud will grow into a perfectly formed embryo, and every embryo into a full-sized adult. Making ninety-six human beings grow where only one grew before. Progress."[1]

Gleich zu Beginn seines, mittlerweile zu einem der wichtigsten literarischen Werke gewordenen, Buches *Brave New World* beschreibt Aldous Huxley dem Leser den Bokanovsky Prozess. In der futuristischen neuen Welt wird dieser fiktive Prozess dazu verwendet menschliche Eizellen in vitro zu befruchten und bis zu 96 identische, verwertbare Embryonen aus einer Eizelle zu gewinnen. Aus diesen Embryonen werden gezielt verschiedene Menschenklassen gezüchtet, welche für unterschiedliche Arbeiten vorgesehen sind. In der neuen Welt wird dies als Fortschritt angesehen. Die Erstveröffentlichung von *Brave New World* liegt zum jetzigen Zeitpunkt mehr als 80 Jahre zurück. Die Aktualität dieses Zitates und des Fortschrittsgedanken im Bezug auf Stammzellen und Embryonenforschung könnte kaum aktueller sein.

Die Stammzellenforschung gilt als große Hoffnung um bisher unheilbare Krankheiten zu besiegen oder besser behandelbar zu machen. Hier seien Organausfälle oder Krankheiten wie Chorea Huntington und Parkinson als Beispiele genannt.[2] Ein weiterer denkbarer Punkt wäre allerdings auch die Verbesserung des Menschen aufgrund von Stammzellenforschung.

Gegner der Stammzellenforschung verwenden oft die sogenannten SKIP-Argumente, welche, unter anderem, auch in der Abtreibungsdebatte diskutiert werden, um den moralischen Status eines Embryos zu bestimmen. Das Akronym SKIP steht hierbei für Spezies, Kontinuum, Identität und Potentialität. Als erstes sollen die biologischen Grundlagen geklärt werden um dann mit einer Betrachtung und Prüfung der einzelnen Argumente fortfahren zu können. Ziel ist es hierbei, zu zeigen welche Argumente und/oder Teilargumente sinnvoll erscheinen um den embryonalen Würdestatus zu definieren.

---

[1] Huxley, Aldoux. Brave New World. S. 3f.
[2] Vgl. Brewe, Manuela. Embryonenschutz und Stammzellgesetz. Rechtliche Aspekte der Forschung mit embryonalen Stammzellen, in: Veröffentlichungen des Instituts für Deutsches, Europäisches und Internationales Medizinrecht, Gesundheitsrecht und Bioethik der Universitäten Heidelberg und Mannheim, hrsg. Von Haverkate, Görg/ et al., S. 1 f. oder Deutsche Forschungsgemeinschaft. Forschung mit embryonalen Stammzellen. S. 1.

2. Biologische Grundlagen

2.1 Embryogenese

Zuerst wird der, für diese Arbeit relevante Ablauf der embryonalen Entwicklung ab der Befruchtung skizziert.

Nach der Befruchtung entsteht aus den beiden Geschlechtszellen die Zygote. Die Zygote beginnt sofort sich zu teilen. Von einer Zygote spricht man im 1- bis 8-Zellstadium. Das nächste Stadium, mit 8 bis 32 Zellen heißt Morula. Sie ist quasi ein Zellhaufen aus gleichartigen Zellen. Danach spricht man von einer Blastozyste. Sie teilt sich zum einen auf in den Trophoblast, welcher später die Plazenta bildet und andererseits den Embryoblast, der sich später in den eigentlichen Embryo entwickelt. Die Blastozyste bildet sich etwa vier Tage nach der Befruchtung. Sie nistet sich dann ungefähr am fünften Tag in die Gebärmutterschleimhaut ein.[3]

Nach dieser Einnistung bildet der Embryoblast zwei Bläschen, die Amnionblase und das Dottersackbläschen. Dort wo sie aufeinander treffen entstehen der Epiblast und der Hypoblast. Etwa nach zwei Wochen beginnt im Epiblast die Entwicklung des Embryonalkörpers und es bildet sich der Primitivstreifen.[4] Bis zu diesem Zeitpunkt ist eine Mehrlingsbildung noch nicht ganz ausgeschlossen, da bei der Bildung von zwei Primitivstreifen sich Zwillinge entwickeln würden.[5]

2.2 Totipotente und Pluripotente Stammzellen

Eine Stammzelle ist „[…] jede noch undifferenzierte Zelle eines Organismus […], die sich in ihrem undifferenzierten Zustand über einen langen Zeitraum hinweg vermehren und reifere Tochterzellen bilden kann, also die Fähigkeit zur Differenzierung in bestimmte Zell- oder Gewebetypen besitzt.“[6]

Zellen der Zygote sind noch totipotent, das heißt sie sind dazu in der Lage, einen Embryo zu bilden. Spätestens nach dem 8-Zell-Stadium (Morula) sind die einzelnen Zellen nur noch

---

[3] Vgl. Rohen, Johannes W. ;Lütjen-Drecoll, Elke. Funktionelle Embryologie. Die Entwicklung der Funktionssysteme des menschlichen Organismus. S. 27-29.
[4] Ebenda. S. 43 ff.
[5] Ebenda. S. 173.
[6] Brewe, Manuela. Embryonenschutz und Stammzellgesetz. Rechtliche Aspekte der Forschung mit embryonalen Stammzellen, in: Veröffentlichungen des Instituts für Deutsches, Europäisches und Internationales Medizinrecht, Gesundheitsrecht und Bioethik der Universitäten Heidelberg und Mannheim, hrsg. Von Haverkate, Görg/ et al., S. 3 f.

pluripotent, was bedeutet, dass sie noch verschiedene Zelltypen bilden können, jedoch keinen ganzen Embryo. Die Zellen des Embryoblast sind ebenfalls weiterhin pluripotent und können somit Stammzellen liefern.[7]

2.3 Embryonale Stammzellen gewinnen

Das Hauptaugenmerk soll in dieser Arbeit auf embryonalen Stammzellen liegen, die aus Embryonen, welche *in vitro* (lat. ‚im Glas') künstlich erzeugt wurden, gewonnen werden. Embryonale Stammzellen werden aus der Blastozyste gewonnen. Bei der Gewinnung wird der Embryo zerstört.[8] Die Embryonen die hierbei zerstört werden, waren ursprünglich für eine künstliche Befruchtung vorgesehen, dürfen allerdings nicht mehr eingesetzt werden, oder werden nicht mehr gebraucht.[9] Nach geltendem deutschem Recht ist diese Methode verboten[10], allerdings ist es erlaubt embryonale Stammzellen aus dem Ausland einzuführen, wenn sie vor dem 1. Mai 2007, für die künstliche Befruchtung, gewonnen wurden.[11]

3. Die SKIP-Argumente

In der Debatte um Stammzellen und allgemein um den moralischen Status von Embryonen sind es vor allem die SKIP-Argumente die vorgebracht werden, um zu begründen, warum der Embryo einen starken moralischen Status inne hat. Natürlich gibt es auch noch genügend andere Argumente, wie zum Beispiel das Vorsichtsargument. Auf diese wird hier jedoch nicht eingegangen.[12] Es wird ebenfalls innerhalb des Begriffs der Menschenwürde argumentiert, auch wenn einige Befürworter der Stammzellenforschung genau diesen angreifen. Begonnen wird hier mit dem Speziesargument.

---

[7] Vgl. Rohen, Johannes W.;Lütjen-Drecoll, Elke. Funktionelle Embryologie. Die Entwicklung der Funktionssysteme des menschlichen Organismus. S. 27.

[8] Deutsche Forschungsgemeinschaft. Forschung mit embryonalen Stammzellen. S. 8.

[9] Brewe, Manuela. Embryonenschutz und Stammzellgesetz. Rechtliche Aspekte der Forschung mit embryonalen Stammzellen, in: Veröffentlichungen des Instituts für Deutsches, Europäisches und Internationales Medizinrecht, Gesundheitsrecht und Bioethik der Universitäten Heidelberg und Mannheim, hrsg. Von Haverkate, Görg/ et al., S. 5.

[10] § 2 Abs. 1. Embryonenschutzgesetz: „Wer einen [...] menschlichen Embryo veräußert oder zu einem nicht seiner Erhaltung dienenden Zeck abgibt, erwirbt oder verwendet, wird mit einer Freiheitsstrafe von bis zu drei Jahren oder mit Geldstrafen bestraft." Aus: http://www.gesetze-im-internet.de/bundesrecht/eschg/gesamt.pdf.

[11] § 4 Abs. 2. Stammzellgesetz. Aus: http://www.bmbf.de/pubRD/stammzellgesetz.pdf.

[12] Vgl. Damschen, Gregor; Schönecker, Dieter. Der moralische Status menschlicher Embryonen. S.250 ff.

3.1 Speziesargument

Das Speziesargument lässt sich wie folgt darstellen:

(1) Jedes Mitglied der *Spezies Mensch* hat Würde $_M$[13].

(2) Jeder menschliche Embryo ist Mitglied der *Spezies Mensch*.

Also: (3) Jeder menschliche Embryo hat Würde $_M$.[14]

Die logische Korrektheit des Arguments ist gegeben, daher kann es als gültig angesehen werden. Um das Argument zu entkräften muss sich eine der beiden Prämissen als falsch erweisen. Die zweite Prämisse dieses Arguments ist nahezu unangreifbar, denn das ein menschlicher Embryo zur Spezies der Menschen gehört ist, außer in besonderen Fällen, unstrittig. Sonderfälle, in welchen Embryonen erzeugt werden, die menschliche und tierische Zellen haben, seien hier außenvorgelassen. Daher ist die erste Prämisse der Betrachtungsgegenstand in diesem Kapitel.

„Träger der Menschenwürde ist der Mensch nicht erst in einem bestimmten Zustand oder Stadium, nicht erst mit bestimmten Ausprägungen oder Merkmalen, sondern der Mensch als solcher, der Mensch, der heute als Embryo und morgen als geborener, heute als jugendlicher und morgen als erwachsener Mensch lebt. Weil dieser Mensch in jeder Phase seiner Lebensgeschichte Würde besitzt, kommt ihm diese auch in der Zeit zu, in der er als 8-Zeller existiert."[15]

Dieses von Eberhard Schockenhoff stammende Zitat bezieht sich zwar auf die PID[16], kann aber ebenso gut für die Stammzellendebatte verwendet werden. Schockenhoff ist sowohl Gegner der Stammzellenforschung als auch Mitglied im Deutschen Ethikrat. Auch er stütz sich auf die Spezieszugehörigkeit des Embryo um dessen Würde zu begründen. Diese Begründung stützt sich auf ein bestimmtes biologisches Attribut (Zugehörigkeit zur Spezies Mensch) und leitet daraus eine Norm ab (hat Würde $_M$). Hier liegt ein Sein-Sollen-Fehlschluss vor. Hieraus kann man zwar noch nicht das Gegenteil ableiten, nämlich, dass ein Embryo Würde $_M$ nicht besitzt, man kann damit allerdings auch nicht begründen warum er *nur* weil er zur Spezies Mensch gehört, diese Würde haben muss.

---

[13] Würde $_M$, Menschenwürde und Würde werden in dieser Arbeit synonym verwendet.
[14] Damschen, Greogor; Schönecker, Dieter. Der moralische Status menschlicher Embryonen. S.3.
[15] Schockenhoff, Eberhard. Guter Hoffnung. In: Frankfurter Allgemeine Zeitung. 15.09.2010.
[16] Präimplantationsdiagnostik

Aus Prämissen, die, wie oben, normativ nichtssagend sind, kann man keine normative Konklusion ableiten. Die Spezieszugehörigkeit ist, ebenso wenig wie andere rein biologische Merkmale, wie das Geschlecht oder die Hautfarbe, moralisch relevant. Reinhard Merkel fasst dies wie folgt zusammen: „Allein deshalb, weil die molekulare Mikrostruktur der Basenpaare unserer DNA so und so beschaffen ist, haben wir so etwas Anspruchsvolles wie fundamentale Rechte.“ [17] Er schlägt, wie viele andere Gegner des Speziesarguments, vor, bestimmte Attribute festzusetzen, die jedem der diese Eigenschaften hat ein Recht auf Leben und Würde zugestehen. Meist wird hier Vernunft, Selbstbestimmung oder Autonomie genannt. [18] Der Embryo hat offensichtlich keine dieser Eigenschaften und kann daher nicht deswegen Würde besitzen. [19] Schockenhoff sagt weiterhin, dass wir alle einmal Embryonen gewesen sind und wir uns nur durch die Achtung unserer Mitmenschen entwickeln konnten. [20] Das ist natürlich richtig, begründet aber noch nicht warum die Stammzellenforschung verboten werden sollte. Schockenhoff sagt, dass im Nachhinein keiner von uns wollen würde, dass wir als Embryo vernichtet worden wären. Ebenso wenig können wir gewollt haben, dass unsere Eltern verhütet hätten oder gar sexuell abstinent gewesen wären. [21] Schockenhoff dementiert, dass Würde aus empirischen Eigenschaften begründet werden darf[22] und schließt, weil „[…] das Leben die unhintergebare Voraussetzung moralischer Selbstbestimmung ist und als die existentielle Grundlage für das Werden und die Entfaltung der Person angesehen werden muß, […] Würde, Lebensrecht und Schutz jedem Menschen vom Ursprung seiner Existenz an […]“[23] zukommt. Dies sagt nur aus, dass der Embryo potenziell eine Person ist, die dann schützenswert wäre und deswegen schon als Embryo Würde hat. Ein Grund warum die Spezies ausschlaggebender Punkt der Würde sei, ist nicht gegeben, sondern es wurde nur auf die Potentialität verwiesen, die allerdings später betrachtet werden soll.

---

[17] Merkel, Reinhard. Contra Speziesargument. In: Damschen, Greogor; Schönecker, Dieter. Der moralische Status menschlicher Embryonen. S. 39.

[18] Vgl. Merkel, Reinhard. Rechte für Embryonen. In: Ethik in der Medizin. Hrsg. Von Wiesing, Urban/et al., S. 186.

[19] Auf seine Potentialität, diese Eigenschaften später zu besitzen wird in Kapitel 3.4 näher eingegangen.

[20] Vgl. Schockenhoff, Eberhard. Guter Hoffnung. In: Frankfurter Allgemeine Zeitung. 15.09.2010. oder Schockenhoff, Eberhard. Pro Speziesargument. In: Damschen, Greogor; Schönecker, Dieter. Der moralische Status menschlicher Embryonen. S. 28.

[21] Vgl. Knoepffler, Nikolaus. Menschenwürde in der Bioethik. S. 57f.

[22] Schockenhoff, Eberhard. Pro Speziesargument. In: Damschen, Greogor; Schönecker, Dieter. Der moralische Status menschlicher Embryonen. S. 16-27.

[23] Ebenda. S.27.

3.2 Kontinuumsargument

Gehen wir aber nun vorerst zum Kontinuumsargument über.

(1) Jedes menschliche Wesen, das aktual ϕ[24] ist, hat Würde $_M$.

(2) Jeder menschliche Embryo wird sich, unter normalen Bedingungen, *kontinuierlich* (ohne moralrelevante Einschnitte) zu einem menschlichen Wesen entwickeln, das aktual ϕ ist.

Also: (3) Jeder menschliche Embryo hat Würde $_M$.[25]

Hier wird davon ausgegangen, dass der Mensch von der Zygote an bis zu seinem Tod, sich immer weiter entwickelt, jedoch immer eine Einheit ist.

Nur weil etwas eine kontinuierliche Entwicklung ist, heißt das noch lange nicht, dass man in ihr keine Einschnitte setzen kann. Bleiben wir bei einem menschlichen Beispiel, dass so ähnlich von Reinhard Merkel verwendet wird. Michael Jordan ist ein großer Mensch, darüber werden wir uns vermutlich alle einig sein, er ist schließlich nahezu zwei Meter groß. Ein neugeborenes Baby, welches im Durschnitt 50 Zentimeter groß ist, ist ein kleiner Mensch. Auch Michael Jordan war mal ein Baby und er wuchs kontinuierlich zu seiner späteren Größe heran. Wenn man zu den 50 Zentimeter Größe nun einen Millimeter hinzuaddiert, so ist das Baby immer noch klein. Addiert man noch einen Millimeter ändert sich daran auch nichts. Diesen Vorgang wiederholt man (bzw. wiederholt die natürliche Entwicklung des Babys) nun einige hundert Male. Man hat hier einen kontinuierlichen Verlauf, bis Jordan irgendwann seine fast zwei Meter Körpergröße erreicht hat und nun von den meisten als großer Mensch angesehen werden würde. Ich kann also unterscheiden zwischen dem kleinen Baby und dem großen Menschen. Ab wann ist es allerdings nicht mehr klein sondern groß? Auch in dieser Entwicklung ist kein drastischer Einschnitt der die Änderung von klein zu groß zeigt. Dennoch fällt es uns leicht zu Unterscheiden zwischen dem großen und dem kleinen Menschen.[26] Damschen und Schöneker merken an, dass er hier vage Begriffe wie „groß" und „klein" als Vergleich heranzieht, wobei nicht klar ist, ob „schutzwürdig" und „nicht-schutzwürdig" ebenso vage sind.[27] Das es Einschnitte in der Embryonalentwicklung gibt kann man nicht leugnen. Man kann als Beispiel die Vereinigung der Ei- und Samenzelle nehmen,

---

[24] Φ steht hier stellvertretend für Attribute die meistens dazu benutzt werden, Würde zu begründen. Wie zum Beispiel: Autonomie, Selbstbewusstsein, Präferenzen, Leidensfähigkeit u.a. Vgl. Damschen, Greogor; Schönecker, Dieter. Der moralische Status menschlicher Embryonen. S.3.
[25] Ebenda.
[26] Vgl. Merkel, Reinhard. Rechte für Embryonen. In: Ethik in der Medizin. Hrsg. Von Wiesing, Urban/et al. S. 188f.
[27] Vgl. Damschen, Greogor; Schönecker, Dieter. Der moralische Status menschlicher Embryonen. S.214.

die Bildung des Primitivstreifens, die Bildung des Nervensystems oder die Geburt. Das Argument versucht nur zu sagen, warum keine dieser Einschnitte, oder ein anderer moralisch relevant sei. Vertritt man das Kontinuumsargument, sagt man, dass im Rückblick von Erwachsenem und Embryo, nirgendwo ein moralrelevanter Einschnitt ist. Warum geht man dann aber nicht weiter? Ist etwa die Vereinigung der Keimzellen solch ein Einschnitt? Wenn ja, warum? Ohne einen Rückgriff auf ein anderes Argument kann das Kontinuumsargument dies nicht klären.

Das Argument behauptet in seiner zweiten Prämisse zwar, dass es keinen moralrelevanten Einschnitt in der menschlichen Entwicklung gäbe, kann dies aber nicht ohne Zuhilfenahme eines der anderen Argumente. Entweder gibt es keinen Einschnitt, weil der Mensch als solcher Würde besitzt (Speziesargument), weil eine personale Identität zwischen dem späteren Menschen und dem Embryo vorliegt (Identitätsargument) oder weil der Embryo das Potential hat einmal Würde zu besitzen (Potentialitätsargument). [28] Das Argument ist also, alleine gesehen, gar kein Argument, sondern eine bloße Behauptung. [29] Auf die enge Verknüpfung des Kontinuumsarguments mit dem Identitäts- und Potentialitätsargument wird im Folgeneden eingegangen.

3.3 Identitätsargument

Das, eng mit dem vorherigen Argument zusammenhängende, Identitätsargument kann auf diese Weise dargestellt werden:

(1) Jedes Wesen, das aktual ϕ ist, hat Würde $_M$.

(2.1) Viele Erwachsene, die aktual ϕ sind, sind mit Embryonen in moralrelevanter Hinsicht *identisch*.

Also: (2.2) Die Embryonen, mit denen sie identisch sind, haben Würde $_M$.

(2.3) Wenn irgendein Embryo Würde $_M$ hat, dann alle.

Also: (3) Jeder Embryo hat Würde $_M$. [30]

Diese etwas genauere Darstellung von Ralf Stoecker erklärt, dass zwar alle Erwachsene einmal Embryonen waren, aber nicht, dass alle Embryonen einmal Erwachsene werden. [31]

---

[28] Ludger Honnefelder, welcher in seinem Aufsatz in welchem er für das Kontinuumsargument eintreten möchte, dies nur Mit Rückgriff auf die anderen drei SKIP-Argumente macht. Es ist kein Beweis enthalten wie dieses Argument alleine, sinnvoll stehen kann. Vgl. Honnefelder, Ludger. Pro Kontinuumsargument. In: Damschen, Gregor; Schönecker, Dieter. Der moralische Status menschlicher Embryonen. S.67-79.

[29] Ebenda.

[30] Damschen, Gregor; Schönecker, Dieter. Der moralische Status menschlicher Embryonen. S.4.

Die Ähnlichkeit mit dem Kontinuumsargument besteht darin, dass hier auch kein Einschnitt vorhanden sei und ein Erwachsener zu jeder Zeit identisch mit dem Embryo sei, aus dem er sich (kontinuierlich) entwickelt hat.

Die einzige Identität die man allerdings ziehen kann, ist die der gleichen DNA. Dies ist allerdings, wie beim Speziesargument auch, eine biologische Eigenschaft, die nicht unbedingt ausreichend ist um eine moralische Schutzwürdigkeit zu begründen. Merkel formuliert dies so: „Denn zwischen einem nur unter dem Mikroskop erkennbaren Vier- oder Achtzellwesen und einem geborenen Menschen lässt sich nur eine einzige Identitätsbeziehung feststellen: die der DNA, des individuellen Genoms.“[32]

Auch die evangelische Ethik sieht dies ähnlich, denn in einer Stellungnahme führender Theologen heißt es, dass nach deren Menschenbild nach „der Mensch mehr als seine Genome“[33] sei.

Doch ist gleiche DNA auch nicht gleichzusetzen mit dem gleichen Menschen oder der gleichen Person. Wenn man sagt, dass ein Kind mit dem Embryo aus dem es entstanden ist identisch ist, so sind eineiige Zwillinge identisch. Eineiige Zwillinge haben nur eine identische DNA und sind ansonsten zwei unabhängige Menschen. Zu behaupten sie seien identisch ist absurd.[34] Die Zwillingsbildung ist erst ausgeschlossen, sobald sich der Primitivstreifen gebildet hat, also nach etwa zwei Wochen.[35] Stoecker spricht daher von Präembryonen und den eigentlichen Embryonen. Ersterer Begriff gilt bis zur Bildung des Primitivstreifens und erst danach spricht man von den eigentlichen Embryonen. Man hat dann also eine Lesart des Arguments, die sich auf alle Embryonen, einschließlich der Präembryonen bezieht und eine die sich nur auf die Embryonen nach der Primitivstreifenbildung bezieht.[36] Um das Identitätsargument auch bei der Zwillingsbildung aufrechtzuerhalten, gibt es zwei Vorschläge. Singer stellt in „Praktische Ethik" ein Gedankenexperiment vor, bei dem wir einen Embryo in einer Schale haben, den wir Mary nennen. Dieser teilt sich dann in zwei identische Embryonen auf. Er stellt nun die Frage, welcher der beiden Mary ist. Sie unterscheiden sich in keiner Weise voneinander, man kann also nicht sagen, welcher Mary ist und welcher „der neue Embryo" Jane ist. Ebenfalls kann

---

[31] Vgl. Stoecker, Ralf. Contra Identitätsargument. In: Damschen, Greogor; Schönecker, Dieter. Der moralische Status menschlicher Embryonen. S.131f.

[32] Merkel, Reinhard. Rechte für Embryonen. In: Ethik in der Medizin. Hrsg. Von Wiesing, Urban/et al. S. 190 f.

[33] Anselm, Reiner/et al. Starre Fronten überwinden. S. 12.

[34] Vgl. Stoecker, Ralf. Contra Identitätsargument. In: Damschen, Greogor; Schönecker, Dieter. Der moralische Status menschlicher Embryonen. S.137.

[35] Siehe Kapitel 2.1. S. 4.

[36] Vgl. Stoecker, Ralf. Contra Identitätsargument. In: Damschen, Greogor; Schönecker, Dieter. Der moralische Status menschlicher Embryonen. S.138.

man nicht sagen, dass sich Jane von Mary abgespalten hat, da dies andersrum genauso möglich wäre. Haben wir also hier nicht mehr Mary sondern Jane und Helen? Was ist dann aber mit Mary passiert? Er schließt mit dem Kommentar, dass es schwierig aufrechtzuerhalten sei, dem Embryo als moralisch relevant zu sehen.[37] Auch Schockenhoff sieht die Möglichkeit, dass die Ursprungszygote tot ist und zwei neue Individuen hervorgegangen sind, als sehr unwahrscheinlich an.[38] Für Zwillinge würde dies nach Auffassung (2.1) nicht gelten. Ebenfalls problematisch sind siamesische Zwillinge, die sich in dieser Phase nicht vollständig geteilt haben. Hier gibt es, wie Stoecker anmerkt, Fälle bei denen es klar ist, dass es sich um zwei Geschwister handelt, Fälle bei denen es klar ist, dass es sich um einen Menschen mit Extragliedmaßen, oder Ähnlichem handelt, jedoch auch allerlei Möglichkeiten dazwischen. Er schließt die Überlegung damit, dass „wenn wir uns hier aber sozusagen in einer Grauzone der Verwendung unseres Identitätsvokabulars befinden, dann verliert ganz generell der argumentative Rückgriff auf die Identität seine rechtfertigende Kraft."[39] Sieht man die Zwillingsbildung so, dass sich ein Embryo von dem anderen abspaltet und dadurch nur ein entstehender Zwilling mit der Zygote identisch ist, ergeben sich andere Schwierigkeiten. Entnimmt man die Zelle künstlich, so könnte man klar sagen, dass sie diejenige ist, die sich abgespalten hat. Bei der natürlichen Zwillingsbildung ist jedoch nicht ersichtlich welche der beiden Zellen sich abspaltet. Singer und Stoecker sehen diese Möglichkeit als nicht plausibel an.[40] Schockenhoff spricht allerdings gerade dieser Betrachtungsweise eine plausiblere Sicht auf die Lage zu. „Da auch eine noch teilbare Zygote genetisch eindeutig bestimmt ist, ist kein zwingender Grund erkennbar, warum wir ihr die Individualität absprechen sollten."[41] Er bezieht sich hier auf ihre eindeutige genetische Bestimmbarkeit. Natürlich hat eine Zygote einen einmaligen genetischen Code. Bei eineiigen Zwillingen ist dies jedoch nicht mehr der Fall, da beide diesen, anfangs einmaligen, Code haben. Außerdem geschieht hier wieder ein Rückgriff auf biologische Attribute vor, was wie schon gezeigt wurde, moralisch nicht relevant ist. Knoepffler sieht ebenfalls den Primitivstreifen als klares Indiz für einen

---

[37] Vgl. Singer, Peter. Praktische Ethik. S. 204.
[38] Vgl. Schockenhoff, Eberhard. Lebensbeginn und Menschenwürde – Eine Begründung für die lehramtliche Position der katholischen Kirche. In: Kriterien biomedizinischer Ethik. Theologische Beiträge zum gesellschaftlichen Diskurs. Hrsg. Von Hilpert, Konrad; Mieth, Dietmar. S. 221.
[39] Vgl. Stoecker, Ralf. Contra Identitätsargument. In: Damschen, Greogor; Schönecker, Dieter. Der moralische Status menschlicher Embryonen. S.139.
[40] Vgl. Ebenda. S. 138. Und Singer, Peter. Praktische Ethik. S. 204.
[41] Vgl. Schockenhoff, Eberhard. Lebensbeginn und Menschenwürde – Eine Begründung für die lehramtliche Position der katholischen Kirche. In: Kriterien biomedizinischer Ethik. Theologische Beiträge zum gesellschaftlichen Diskurs. Hrsg. Von Hilpert, Konrad; Mieth, Dietmar. S. 221.

relevanten Einschnitt, denn „die individuelle Lebensgeschichte kann frühestens dann beginnen, wenn die Möglichkeit der Zwillingsbildung abgeschlossen ist."[42] Wir haben im biologischen Teil schon geklärt, dass die Blastozyste sich nicht nur zum Embryoblast, der die Grundlage für den späteren Fötus liefert, sondern auch in den Trophoblast entwickelt. Wenn wir sagen, dass der geborene Mensch auch mit dem Präembryo identisch ist, so sagen wir, dass er mit dem Trophoblast, der späteren Plazenta identisch ist. Somit müsste man der Plazenta dieselbe Würde zusprechen wie dem Embryo, also dem ausgewachsenen Mensch. Dafür gibt es keinerlei Gründe. Das Identitätsargument greift also nur ab der Bildung des Primitivstreifens, womit wir keine Begründung haben, warum der Präembryo im Besitz von Würde $_M$ sein sollte. Es ist sinnvoller die Identität und die kontinuierliche Entwicklung des Embryos ab diesem Zeitpunkt anzusehen. Erst nach Bildung des Primitivstreifens ist sicher, dass es nicht mehr zu einer Mehrlingsbildung kommt. Zu diesem Zeitpunkt ist auch klar abgegrenzt, welche der Zellen sich in den Embryoblast entwickeln und welche in den Trophoblast. Damschen und Schöneker plädieren darauf den Trophoblast und die Plazenta als Versorgungsorgane des Embryos anzusehen, was sie zweifellos sind. Es spräche nichts dagegen, diese außerhalb liegenden Organe dennoch als Teile des Embryos zu sehen, welche bei der Geburt abgestoßen werden.[43] Nur weil sie mit dem Embryo verbunden sind und ihn versorgen, dürfen sie jedoch nicht mit dem Embryo selbst moralisch gleichgesetzt werden. Dies würde heißen, dass man dem Präembryo keine Würde zusprechen kann, man allerdings sobald der Primitivstreifen sich gebildet hat, klar einen Embryo hat, der später einmal mit einem geborenen Menschen diachron identisch ist. Marianne Schark spricht sich auch dafür aus, den Beginn der menschlichen Existenz bei der Gastrulation[44] zu setzen.[45] Mit der Zygote verbindet den späteren Menschen dann nur noch sein Genom, was wie oben gezeigt wurde, kein Grund ist um Würde zuzusprechen.

Das Bundesverfassungsgericht teilt diese Ansicht, zumindest im Bezug auf den Schwangerschaftsabbruch, mit diesem Urteil: „Leben im Sinne der geschichtlichen Existenz eines menschlichen Individuums besteht nach gesicherter biologisch-physiologischer Erkenntnis jedenfalls vom 14. Tage nach der Empfängnis (Nidation, Individuation) an"[46]

---

[42] Knoepffler, Nikolaus. Der Beginn der menschlichen Person und bioethische Konfliktfälle. S. 70.

[43] Vgl. Damschen, Gregor; Schönecker, Dieter. Der moralische Status menschlicher Embryonen. S.246-250.

[44] Phase der Embryogenese in der 3. Woche u.a. Bildung des Primitivstreifens. Vgl. Rohen, Johannes W. ;Lütjen-Drecoll, Elke. Funktionelle Embryologie. Die Entwicklung der Funktionssysteme des menschlichen Organismus. S. 166 f.

[45] Vgl. Schark, Marianne. Zur moralischen Relevanz des Menschseins. In: Gattung Mensch. Hrsg. Von Dabrock, Peter / et al., S. 317.

[46] BVerfGE 39, 51. C. I. b) 133. Aus: http://www.servat.unibe.ch/dfr/bv039001.html.

Auch der deutsche Ethikrat vertrat 2011 diese Meinung. „Erst von diesem Entwicklungsschritt an kann man von der Entwicklung eines bestimmten Embryos sprechen."[47]

Im Rückbezug auf das Kontinuumsargument kann man sagen, dass es sehr wohl einen moralrelevanten Einschnitt geben kann. Wenn dieser gesetzt wird, dann allerdings frühestens hier.

Geht man davon aus, dass es erst ab Bildung des Primitivstreifens ein Individuum gibt passt dies auch zu der ursprünglichen Wortbedeutung von *Individuum* als *das Unteilbare.*[48]

3.4 Potentialitätsargument

Im Verlauf dieser Arbeit wurde schon oft auf das Potentialitätsargument verwiesen, was daran liegt, dass es eng mit einigen der anderen Argumente zusammenhängt und oft auch als das stärkste der SKIP-Argumente betrachtet wird. Es lautet folgendermaßen:

(1) Jedes Wesen, das *potentiell* ϕ ist, hat Würde $_M$.

(2) Jeder menschliche Embryo ist ein Wesen, das *potentiell* ϕ ist.

Also: (3) Jeder menschliche Embryo hat Würde $_M$.[49]

Bettina Schöne-Seifert kritisiert, dass hierbei nicht ganz auf das Potentialitätsprinzip eingegangen wird. Dieses Prinzip schließt folgendes:

(A) Jedes Wesen, das aktual ϕ ist, hat Würde $_M$.

Zu (1) Jedes Wesen, das *potentiell* ϕ ist, hat Würde $_M$.

Dieses Prinzip sei das eigentlich fragliche an diesem Argument und ist der Gegenstand der Diskussion.[50]

Das ein Embryo aktual nicht die Eigenschaften besitzt, die zumeist angenommen werden, um Würde zu begründen, könnte man ihm diese auch nur im Hinblick auf sein etwaiges späteres Sein verleihen.

Unterbricht ein Forscher einen künstlichen Befruchtungsvorgang, so hat er ebenfalls ein Potential an dessen Entwicklung gehindert, was ebenso geschieht, wenn man mit einem Kondom verhütet.[51] Das hier nichts Verwerfliches geschehen ist, beziehungsweise bei der Verhütung mit Kondomen nichts Verwerfliches geschieht möchte die wenigsten abstreiten.

---

[47] Deutscher Ethikrat. Präimplantationsdiagnostik Stellungnahme. S. 53.
[48] Vgl. http://www.duden.de/rechtschreibung/Individuum.
[49] Damschen, Greogor; Schönecker, Dieter. Der moralische Status menschlicher Embryonen. S.5.
[50]Vgl. Schöne-Seifert, Bettina. Contra Potentialitätsargument. In: Damschen, Greogor; Schönecker, Dieter. Der moralische Status menschlicher Embryonen. S.172.
[51] Merkel, Reinhard. Rechte für Embryonen. In: Ethik in der Medizin. Hrsg. Von Wiesing, Urban/et al. S. 190 f.

Natürlich kann man hier den Einwand bringen, dass Eizelle und Samenzelle etwas anderes sind wie eine Zygote die schon Entwicklungsfähig ist. Warum es nicht ausreichend ist eine individuelle Zygote zu haben um ihr Würde zuzusprechen, wurde im Kapitel des Identitätsarguments bereits besprochen.

„Es gibt keine Regel, die besagt, daß ein potentielles X denselben Wert oder alle Rechte von X hat. [...]Wenn man eine keimende Eichel aus der Erde zieht, dann ist das nicht dasselbe, als wenn man eine Ehrfurcht gebietende Eiche fällt."[52] Dies ist ein ähnlicher Gegeneinwand, wie der, dass ein Kronprinz nicht dieselben Recht wie der König hat, nur weil er der potentielle König ist.[53] Dies heißt wiederum nicht, dass der Kronprinz wie ein Stein, der gänzlich ohne Rechte ist, behandelt werden kann. Ebenfalls folgt aus diesen Beispielen nicht, dass es in jedem Fall unzulässig wäre Träger potentieller Eigenschaften nicht so zu behandeln wie Träger die diese Eigenschaften aktual besitzen. Oft wird hier das Beispiel des reversibel Komatösen Menschen gebraucht.[54]

Meist wird in der Debatte zwischen aktivem und passivem Potential unterschieden. Bei Körper- oder Eizellen welche man künstlich in den Zustand von befruchteten Eizellen versetzen würde, ist das Potential nur passiv, da es eine künstliche Manipulation benötigt um dorthin zu gelangen. Körperzellen, Ei- und Samenzellen sind also keine hinreichenden Bedingungen für die Entstehung von menschlichem Leben, wohl aber notwendige.[55]

Schöne-Seifert merkt allerdings an, dass „die *Aktivität*, mit der sich die Entwicklung einer einmal befruchteten Eizelle vollzieht, alles andere als ein autarker Prozess"[56] sei. In diesem Fall seien auch Anstrengungen von Nöten, um die komplikationsfreie Schwangerschaft zu ermöglich. Der Unterschied besteht nur in der Natürlichkeit, wobei hier auch Ei- und Samenzellen wieder inbegriffen sein müssten, da auch sie natürlich das Potential haben am Ende ein Kind zu werden. Es ist auch wichtig zu erkennen, dass der Unterschied zwischen *künstlich* auf der einen und *natürlich* auf der anderen Seite ethisch nicht unbedingt relevant ist.[57]

Potentialität an sich ist kein gefestigter Begriff, der in jedem Fall, klar dasselbe ausdrückt. Es gilt zu unterscheiden, dass hier nicht von einer bloß logisch denkbaren Möglichkeit die Rede

---

[52] Singer, Peter. Praktische Ethik. S. 199.
[53] Vgl. Schöne-Seifert, Bettina. Contra Potentialitätsargument. In: Damschen, Greogor; Schönecker, Dieter. Der moralische Status menschlicher Embryonen. S.175.
[54] Vgl. Damschen, Greogor; Schönecker, Dieter. Der moralische Status menschlicher Embryonen. S.239.
[55] Vgl. Knoepffler, Nikolaus. Menschenwürde in der Bioethik. S. 66.
[56] Schöne-Seifert, Bettina. Contra Potentialitätsargument. In: Damschen, Greogor; Schönecker, Dieter. Der moralische Status menschlicher Embryonen. S. 176.
[57] Vgl. Schöne-Seifert, Bettina. Induzierte pluripotente Stammzellen: Ruhe an der Ethikfront? In: Ethik in der Medizin. Band 21, 4. S.272.

ist. Logisch denkbar ist auch, dass man Tiere durch Manipulation der Gene so verändert, dass sie einmal Menschen werden. Damschen und Schöneker geben außerdem das Beispiel einer Partenogenese. [58] Hierbei würde sich eine Eizelle alleine zu einem Menschen entwickeln. Durch eine Annahme, dass diese Art der Potentialität gemeint sei, wird das komplette Argument allerdings absurd. [59] Sie plädieren für den Begriff der „dispositionellen Möglichkeit", eine „grundsätzliche Fähigkeit, eine Fähigkeit auszubilden." [60] Vereinfacht heißt dies zum Beispiel, dass der Embryo die Möglichkeit hat eine Fremdsprache zu lernen. Er kann es zwar noch nicht, hat allerdings die dispositionelle Möglichkeit, diese Fähigkeit auszubilden.

„Das ein Embryo potentiell ϕ ist, heißt dann: *Der Embryo hat jetzt das aktuale Vermögen, später aktuale moralrelevante Fähigkeiten auszubilden.*" [61]

Tieren wäre diese Fähigkeit nicht zu eigen. Geschlechtszellen haben hingegen nur die logische Möglichkeit, diese Sprache einmal zu lernen. [62]

Man kann auch anmerken, dass die Zygote noch nicht das direkte Potential hat ein Mensch zu werden, sondern nur das direkte Potential besitzt eine Morula zu werden. Sie hat somit nur indirekt, über den Weg von Morula, zu Blastozyste, zu Embryoblast, zum eigentlichen Embryo bis hin zum Fötus, das Potential ein Mensch zu werden.

Das Potentialitätsargument liefert mit dem Satz „Jedes Wesen, das *potentiell* ϕ ist, hat Würde M." keine Begründung, was mit Menschen ist, die nie dieses Potential haben. Die Rede ist hier von schwer geistig Behinderten Menschen, die das Potential ϕ zu werden nicht haben. Deren Würde wird durch das Potentialitätsargument nicht begründet, weshalb es nicht ausreichend ist, Würde zu bestimmen. Knoepffler merkt hierzu an, dass es dann ein anderes Argument geben muss, dass die Würde dieser Menschen begründet und fragt, „ob nicht dieses Argument das stärkere ist und damit das Potentialitätsargument unnötig werden lässt." [63]

Dieser Einwand allein entkräftet das Argument sicherlich nicht. Es ist möglich, dass das Potential ϕ zu sein ausreicht um Würde zugeschrieben zu bekommen und ein anderes Argument den geistig Behinderten Menschen die Würde verleiht. Das ist allerdings nicht Thema dieser Arbeit. Was ist allerdings mit Menschen, die die ϕ-Eigenschaften aktual nicht haben? Damschen und Schöneker nennen hier als Beispiel Neugeborene, Schlafende und wie oben auch schon kurz erwähnt, reversibel Komatöse Menschen. Sie sagen, dass man nicht

---

[58] Jungfernzeugung.
[59] Vgl. Damschen, Greogor; Schönecker, Dieter. Der moralische Status menschlicher Embryonen. S.223 f.
[60] Knoepffler, Nikoluas. Menschenwürde in der Bioethik. S. 67.
[61] Vgl. Damschen, Greogor; Schönecker, Dieter. Der moralische Status menschlicher Embryonen. S.227.
[62] Ebenda. S.226 f.
[63] Vgl. Knoepffler, Nikolaus. Menschenwürde in der Bioethik. S. 70.

beweisen muss, weshalb Potentialität moralisch relevant sei. Wenn man davon ausgeht den oben genannten Menschen Würde zuzusprechen so muss sie auch Embryonen zukommen.[64] Ein feiner Unterschied zwischen dem Komatösen oder dem Schlafenden und dem Embryo ist laut Schöne-Seifert allerdings, dass letzterer im Gegensatz zu den anderen beiden, nie die Eigenschaften besessen hat.[65] Das schließt allerdings Neugeborene aus, welche offensichtlich als schutzwürdig angesehen werden. Diese hatten die Eigenschaften ebenfalls noch nicht und haben sie aktual auch nicht, was sie auf eine ähnliche Stufe mit Embryos stellt.

Es ist gesichert, dass es unnötig ist Embryonen, welche sich niemals zu lebensfähigen Wesen entwickeln können, eine Schutzwürdigkeit oder Würde zukommen zu lassen. Eine minimale Chance ist natürlich notwendig um solch eine Würde festsetzen zu können. „Lebensschutz für menschliche Embryonen ist nur unter der Bedingung begründet zu fordern und zu praktizieren, *daß* sie ein Potential zur Kind-Entwicklung haben."[66]

All diese Argumente schalten das Potentialitätsargument nicht gänzlich aus, komplett begründet ist es jedoch auch nicht. Allein die Potentialität scheint schließlich trotzdem nicht ausreichend zu sein um Würde zu begründen.

4. Konklusion

Es hat sich im Verlauf dieser Arbeit gezeigt, dass keines der SKIP-Argumente für sich genommen dem Embryo ab der Befruchtung Würde zusprechen kann. Zu beachten ist aber, dass durch die angebrachten Zweifel an diesen Argumenten oder ihrer Widerlegung natürlich noch nicht das Gegenteil bewiesen ist. Nur weil durch keines der Argumente alleine die Würde begründet werden kann, heißt es nicht, dass der Embryo in keinem Stadium der Embryogenese Würde hat. Die Bildung des Primitivstreifens kann als sehr frühe Grenze in der Entwicklung des Embryos gesetzt werden, denn erst „dann hat sich der menschliche Organismus zu einer Substanz verändert, die ontologisch *Mensch* genannt zu werden verdient."[67] Ab diesem Zeitpunkt hätte man einen Einschnitt von dem ab man weiß, welche der Zellen sich *nur* zur Plazenta entwickeln und welche sich zum Embryoblast, also zum späteren Fötus herausbilden. Ebenfalls ist ab hier eine diachrone Identität gegeben, so dass man hier die Identitätsbeziehung zwischen erwachsenem, würdetragendem Menschen und dem

---

[64] Vgl. Damschen, Greogor; Schönecker, Dieter. Der moralische Status menschlicher Embryonen. S.230-232.

[65] Vgl. Schöne-Seifert, Bettina. Contra Potentialitätsargument. In: Damschen, Greogor; Schönecker, Dieter. Der moralische Status menschlicher Embryonen. S.183.

[66] Vgl. Schöne-Seifert, Bettina. Contra Potentialitätsargument. In: Damschen, Greogor; Schönecker, Dieter. Der moralische Status menschlicher Embryonen. S.182.

[67] Vgl. Knoepffler, Nikolaus. Menschenwürde in der Bioethik. S. 68.

Embryo ziehen kann. Dort die Potentialität anzusetzen mit der sich der Embryo entwickelt erscheint auch sinnvoll. Hier kann man auch klar von einer dispositionellen und individuellen Potentialität sprechen, die gewünschten Fähigkeiten auszubilden.[68] Natürlich hätte diese Deutung nicht nur Auswirkungen auf die Stammzellenforschung, sondern auch auf andere Bereiche der Ethik. Wie würde es sich dann mit Embryonen aus IVF[69] verhalten? Wenn diese noch nicht in den Mutterleib eingesetzt sind, so wird es schwierig mit ihrem Potential zu argumentieren.[70] Auch Schwangerschaftsabbrüche, die nach geltendem deutschem Recht bis zur zwölften Woche straffrei sind[71], dürften dann, außer in besonderen Fällen nur noch bis zu dieser Zeit vollzogen werden. Eine endgültige Klärung des Problems ist schwierig. Durch die, aus neusten Forschungen, mittlerweile gewonnene Erkenntnis, lässt sich das Problem in Zukunft eventuell vermeiden. Shinya Yamanaka, Nobelpreisträger für Medizin 2012, hat ein Verfahren entwickelt mit dem sich nicht-pluripotente Zellen wieder in den Status der pluripotenten Stammzellen, iPS-Zellen[72], zurückversetzen lassen.[73] Hier entstehen andere Probleme die, wenn sich das Verfahren durchsetzen wird, in naher Zukunft eventuell die Debatte um embryonale Stammzellen verdrängen und das Augenmerk mehr auf diese neue Art der Biomedizinischen Entwicklung werfen.

---

[68] Damschen und Schönecker ziehen einen ähnlichen Schluß, die versuchte Erwiderung auf den Trophoblasteneinwand stellt sich allerdings nicht als komplett nachvollziehbar dar, weswegen der in diesem Aufsatz vorgeschlagene Einschnitt bei der Bildung des Primitivstreifens und der klaren Herausbildung des Embryoblast, sinnvoller erscheint. Vgl. Damschen, Greogor; Schönecker, Dieter. Der moralische Status menschlicher Embryonen. S.228-265.

[69] In-vitro-Fertilisation.

[70] Vgl. Knoepffler, Nikolaus. Menschenwürde in der Bioethik. S. 70.

[71] Vgl. StGB § 218 und §218a . Aus http://dejure.org/gesetze/StGB/218.html.

[72] Induzierte pluripotente Stammzellen.

[73] http://www.nobelprize.org/nobel_prizes/medicine/laureates/2012/press.html.

Quellen- und Literaturverzeichnis

Literaturverzeichnis

Dabrock, Peter / et al [Hrsg.]: Gattung Mensch. Tübingen. 2011

Damschen, Greogor; Schönecker, Dieter [Hrsg.]: Der moralische Status menschlicher Embryonen. Berlin. 2003

Deutsche Forschungsgemeinschaft: Forschung mit humanen embryonalen Stammzellen. Weinheim. 2003

Haverkate, Görg/ et al. [Hrsg.]: Brewe, Manuela. Embryonenschutz und Stammzellgesetz. Rechtliche Aspekte der Forschung mit embryonalen Stammzellen, in: Veröffentlichungen des Instituts für Deutsches, Europäisches und Internationales Medizinrecht, Gesundheitsrecht und Bioethik der Universitäten Heidelberg und Mannheim. Berlin. 2006

Hilpert, Konrad; Mieth, Dietmar [Hrsg.]: Kriterien biomedizinischer Ethik – Theologische Beiträge zum gesellschaftlichen Diskurs. Freiburg. 2006

Huxley, Aldoux. Brave New World. London. 2007

Knoepffler, Nikolaus. Der Beginn der menschlichen Person und bioethische Konfliktfälle. Freiburg. 2012

Knoepffler, Nikolaus: Menschenwürde in der Bioethik. Berlin. 2004

Rohen, Johannes W. ;Lütjen-Drecoll, Elke: Funktionelle Embryologie. Die Entwicklung der Funktionssysteme des menschlichen Organismus. Stuttgart. 2011

Singer, Peter: Praktische Ethik. Stuttgart. 1994

Wiesing, Urban/et al. [Hrsg.]: Ethik in der Medizin. Stuttgart. 2012

Internetquellen:

Anselm, Reiner/et al. Starre Fronten überwinden:
http://www.uni-heidelberg.de/md/fak/interdisziplinaer/ifbk/starrefronten.pdf

Bundesverfassungsgericht:
http://www.servat.unibe.ch/dfr/bv039001.html. (aufgerufen am 25.03.2014. 10:15 Uhr)

Deutscher Ethikrat: Präimplantationsdiagnostik Stellungnahme:
http://www.ethikrat.org/dateien/pdf/stellungnahme-praeimplantationsdiagnostik.pdf
(aufgerufen am 28.03. 09:48 Uhr)

Embryonenschutzgesetz:
http://www.gesetze-im-internet.de/bundesrecht/eschg/gesamt.pdf (aufgerufen am 28.03.2014
13:00 Uhr)

Gesetz zum Schwangerschatsabbruch:
http://dejure.org/gesetze/StGB/218.html (aufgerufen am 27.03.2014 17:13 Uhr)

Individuum-Wortherkunft:
http://www.duden.de/rechtschreibung/Individuum (aufgerufen am 22.03.2014 18:12 Uhr)

Nobelprei für Medizin 2012:
http://www.nobelprize.org/nobel_prizes/medicine/laureates/2012/press.html   (aufgerufen   am
27.03.2014 18:30 Uhr)

Schockenhoff, Eberhard. Guter Hoffnung:
http://www.faz.net/frankfurter-allgemeine-zeitung/politik/guter-hoffnung-11036879-p6.html
(aufgerufen am 26.03.2014 15:00 Uhr)

Stammzellgesetz:
http://www.bmbf.de/pubRD/stammzellgesetz.pdf (aufgerufen am 28.03.2014 13:02Uhr)